La esclavitud en Estados Unidos
y la lucha por la libertad

READ WOKE BOOKS en español

# EL TRÁFICO DE ESCLAVOS

## LA VIDA DE LOS NEGROS Y LA SED DE GANANCIAS



Elliott Smith

Cicely Lewis, editora ejecutiva

ediciones Lerner ◆ Mineápolis

# CARTA DE CICELY LEWIS

Estimados lectores:

Cicely Lewis

En mi infancia, solo me enseñaban sobre la historia de los negros en febrero. Había una pequeña sección en nuestro libro de historia sobre la esclavitud, y después analizábamos el Movimiento por los Derechos Civiles. Eso era todo. Siempre me pregunté sobre mis ancestros. ¿Lucharon y resistieron? ¿Cómo era posible que alguien fuera dueño de otro ser humano? ¿Qué sucedió entre la esclavitud y el Movimiento por los Derechos Civiles?

Después fui a la universidad y asistí a una clase de literatura afroamericana. Conocer mi historia amplió mi mundo en su totalidad. Comencé a investigar y buscar más información. Visto en retrospectiva, sentí como si me hubieran pateado. ¿Por qué no había aprendido todo eso antes?

Como educadora, quiero asegurarme de que mis estudiantes nunca sientan lo mismo. Quiero que sepan esto:

- La historia de los negros no comenzó con la esclavitud.
- Ni Abraham Lincoln ni el Movimiento por los Derechos Civiles pusieron fin al racismo.
- Las personas negras siempre han luchado y resistido.

Quiero compartir la fuerza, el poder, la *alegría*, la complejidad y la belleza de la historia de los negros. Este es el regalo que espero darles con esta serie, pero no se detengan aquí. Busquen el conocimiento dondequiera que vayan y cuestionen todo.

Mis saludos y mi solidaridad para ustedes.

Cicely Lewis, editora ejecutiva

# CONTENIDO



**Piensa de manera crítica sobre las fotografías e ilustraciones que aparecen en todo este libro. ¿Quién está tomando las fotografías o creando las ilustraciones? ¿Qué punto de vista representa? ¿De qué manera esto afecta tu punto de vista?**

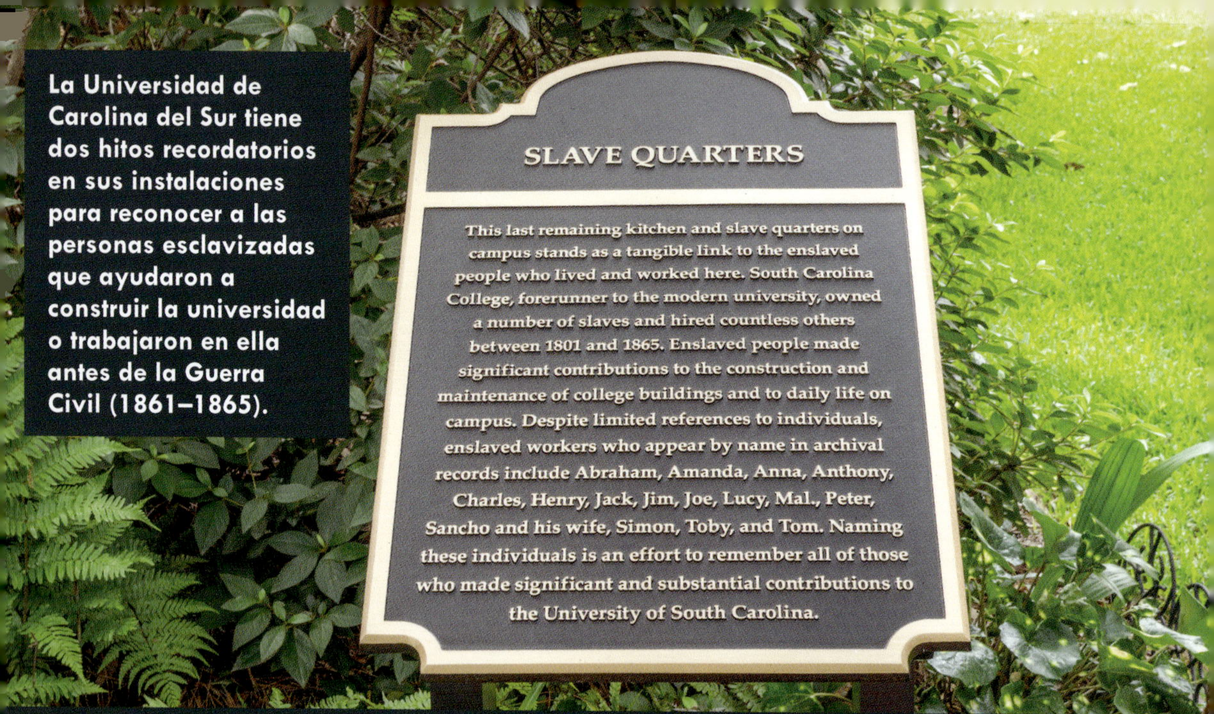


La Universidad de Carolina del Sur tiene dos hitos recordatorios en sus instalaciones para reconocer a las personas esclavizadas que ayudaron a construir la universidad o trabajaron en ella antes de la Guerra Civil (1861–1865).

# HISTORIA BORRADA

**EL RACISMO Y LAS GANANCIAS FUERON FUERZAS QUE IMPULSARON EL CRECIMIENTO DE LA ESCLAVITUD.** El comercio trasatlántico de personas esclavizadas tenía paradas en ciudades portuarias a lo largo de las líneas costeras del sur y del este de Estados Unidos. En sus puertos se recibía a cientos de miles de personas esclavizadas durante el tráfico de esclavos.

En muchos de estos lugares se ha eliminado toda referencia a la esclavitud. No hay mención a lo sucedido allí. Solo existen unos pocos hitos recordatorios para preservar la historia y conmemorar las vidas y las familias afectadas por las subastas y los mercados.

Nueva Orleans, en Luisiana, fue la ciudad portuaria más grande usada para el tráfico de esclavos. Allí se recibieron y vendieron más de cien mil personas entre 1804 y 1862. Durante años la ciudad borró su rol en la esclavitud. El único lugar de la ciudad con un hito recordatorio era Congo Square, lugar en el que se permitía a las personas esclavizadas reunirse y bailar los domingos. La ciudad planifica agregar más recordatorios que muestren su rol en el tráfico de esclavos y reconocer las contribuciones que las personas esclavizadas hicieron por Nueva Orleans.

Richmond, en Virginia, fue la segunda ciudad portuaria más grande usada para el tráfico de esclavos. Cuando terminó la esclavitud, la ciudad destruyó sus mercados de esclavos. Ahora está trabajando para crear un parque conmemorativo en este suelo sagrado como forma de reconocimiento de la difícil historia del lugar.

**Hito recordatorio en Congo Square en Nueva Orleans**

El 28 de julio de 2020, el alcalde Stoney anunció planes de construir un parque conmemorativo en Shockoe Bottom, que era el centro del tráfico de esclavos de Richmond.

"Nuestra historia en Richmond es buena, mala y fea," afirmó el alcalde de Richmond Levar Stoney. "Y creo que le debemos a nuestros ancestros y a los descendientes de aquellos esclavos contar la historia completa, sin importar lo mala o fea que pueda haber sido".

## PARA REFLEXIONAR

¿Qué medidas crees que deberían tomarse para recordar los mercados de esclavos?

Los lugares como el Museo Nacional de Historia y Cultura Afroamericanas en Washington, DC ayudan a celebrar la vida de las personas negras y sus contribuciones a Estados Unidos.

Castillo de San Marcos es un monumento nacional en Florida.

CAPÍTULO 1

# ¿QUÉ FUE EL TRÁFICO DE ESCLAVOS?

**EL TRÁFICO DE ESCLAVOS FUE LA CAPTURA DE AFRICANOS LIBRES, SU TRASLADO A AMÉRICA Y SU VENTA COMO ESCLAVOS.** Durante más de 350 años, los europeos capturaron 12,5 millones de hombres, mujeres y niños africanos y los enviaron en un viaje incierto por el Atlántico.

No hay una fecha exacta de cuándo comenzó la práctica. Los españoles trajeron africanos esclavizados con ellos cuando se establecieron en St. Augustine, Florida, en 1565. En las crónicas aparecen personas esclavizadas construyendo el Castillo de San Marcos, un fuerte militar que aún está en pie. Y muchos pueblos indígenas fueron esclavizados por colonizadores ingleses en América. Se estima que entre dos y cinco millones de personas indígenas fueron esclavizadas en América entre 1492 y 1880.

**Este grabado de 1595 de Theodor de Bry muestra a africanos esclavizados trabajando con la caña de azúcar en Hispaniola, una isla del Caribe.**

**Una pintura de Sydney E. King en la que se puede observar a los primeros africanos que llegaron a Virginia en 1619.**

El año 1619 marca una fecha importante en la historia del tráfico de esclavos en Estados Unidos. Ese año, los primeros africanos esclavizados llegaron a Point Comfort (lo que hoy en día es Fort Monroe, en Hampton) en la colonia inglesa de Virginia a bordo de un barco.

Muchos países estuvieron involucrados en la venta de personas esclavizadas. Los portugueses, brasileros, franceses, neerlandeses y británicos estuvieron todos involucrados. Solo los británicos capturaron más de 3,5 millones de africanos para la larga travesía hasta América.

## PARA REFLEXIONAR

¿Cuál crees que fue el rol de la avaricia en el tráfico de esclavos?

Muchos líderes africanos resistieron el comercio europeo de personas esclavizadas. La reina Nzinga de Ndongo y

“En muchos casos, se dividía a una familia con violencia entre tres o cuatro enemigos, y cada uno se llevaba a sus integrantes, que nunca más se veían”.

—Samuel Ajayi Crowther, quien estuvo esclavizado y había sido capturado de adolescente

Matamba (actualmente Angola) luchó contra los portugueses para evitar que el tráfico de esclavos se expandiera hasta África central.

Pronto se formaron empresas privadas dedicadas a este comercio. En los siglos XVII y XVIII, la Royal African Company de Gran Bretaña y la Compañía Neerlandesa de las Indias Occidentales obtuvieron grandes ganancias secuestrando y vendiendo personas esclavizadas. Estas empresas crearon un sistema para garantizar que el tráfico de esclavos funcionara sin problemas. Las ciudades portuarias como Nantes en Francia, Río de Janeiro en Brasil y Newport en Rhode Island en Estados Unidos se convirtieron en paradas habituales y potencias económicas sobre las espaldas de las personas esclavizadas.

A medida que la economía de Estados Unidos comenzaba a desarrollarse, aumentaba la necesidad de personas esclavizadas. Los cultivos como el del algodón requerían trabajos pesados, y las personas esclavizadas trabajaban muchas horas en condiciones terribles sin recibir pago. La cantidad de barcos que se dirigía a los puertos de Estados Unidos continuó creciendo.

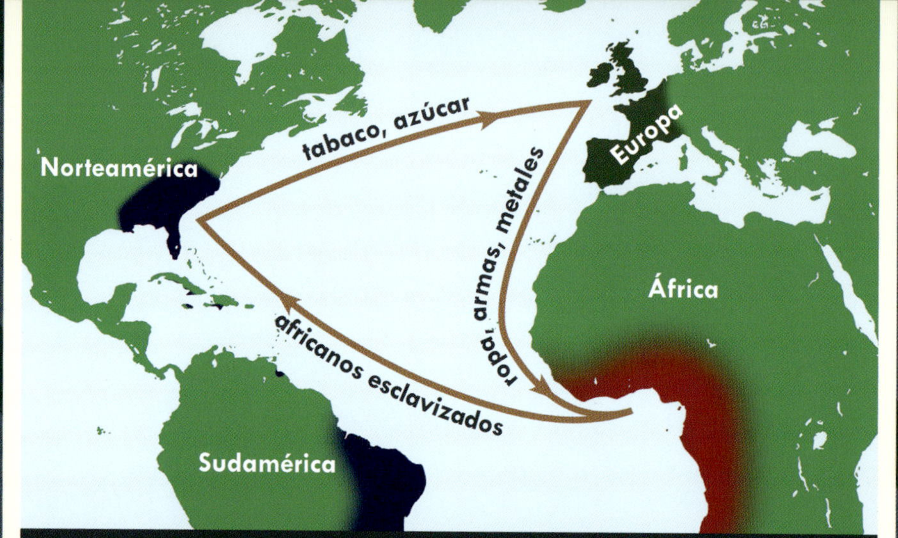


Los comerciantes europeos usaban la ruta de comercio triangular, gracias a la cual intercambiaban mercaderías en África por africanos esclavizados, enviaban en barco a los africanos esclavizados a América para venderlos y llevaban mercaderías de América de regreso a Europa.

## CAPÍTULO 2

# EL PASAJE DEL MEDIO

**SER CAPTURADOS ERA SOLO EL PRIMER PASO EN EL DESTINO HORRIBLE DE MUCHOS AFRICANOS ESCLAVIZADOS.** Los siguientes pasos resultaban ser igualmente difíciles.

El comercio triangular de la esclavitud estaba compuesto por tres partes. En la primera parte, los barcos europeos llenos de mercaderías, como ropa, armas y metales, partían de Europa y se dirigían a la costa occidental de África. En África, se cambiaban las mercaderías de los europeos por africanos secuestrados. En la segunda parte, los africanos capturados eran trasladados por el Océano Atlántico hasta América en barcos. En la tercera parte, los africanos esclavizados se vendían en América. Después de la venta, los europeos compraban mercaderías producidas gracias al trabajo forzado de las personas esclavizadas, como tabaco y azúcar, y navegaban hacia su hogar en Europa para venderlas.

La segunda parte del comercio triangular se hizo conocida como el Pasaje del Medio. En su mayor parte, los africanos esclavizados pasaban el viaje de meses de duración amontonados en la oscuridad debajo de las cubiertas de los barcos. Las enfermedades se propagaban con rapidez y facilidad. Se castigaba duramente a

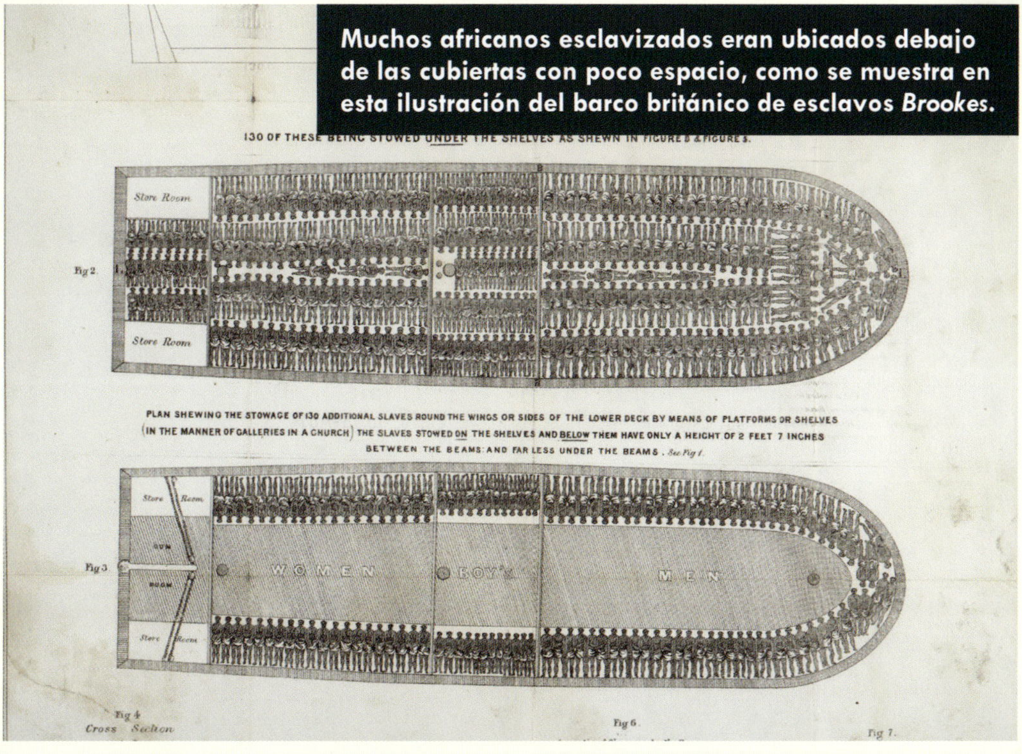


**Muchos africanos esclavizados eran ubicados debajo de las cubiertas con poco espacio, como se muestra en esta ilustración del barco británico de esclavos *Brookes*.**

Olaudah Equiano, también conocido como Gustavus Vassa, escribió un libro sobre su vida como persona esclavizada y posteriormente formó parte del movimiento abolicionista en Gran Bretaña.

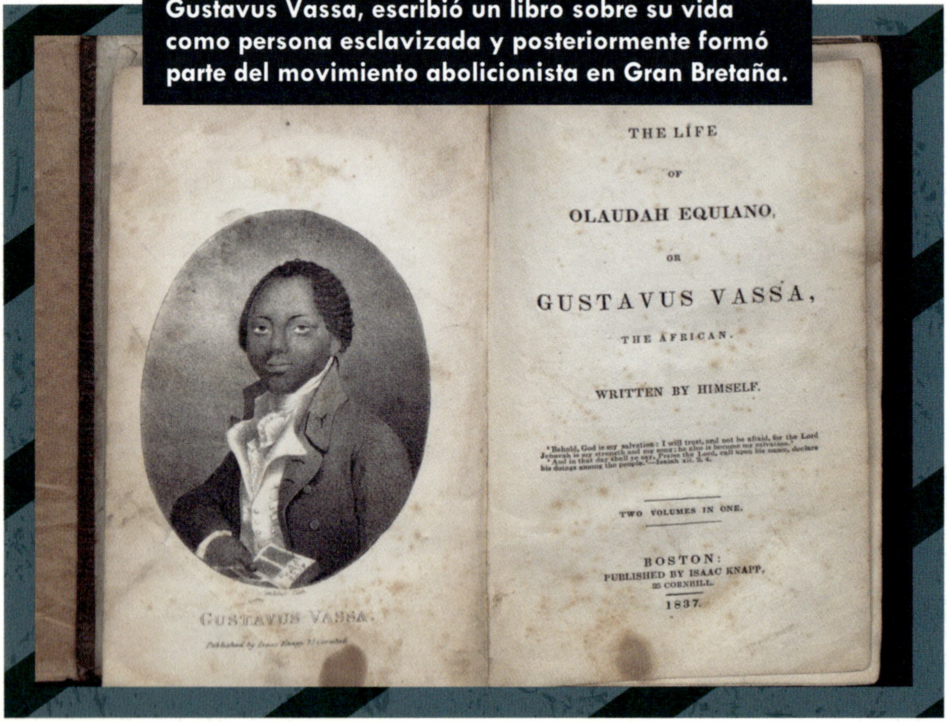


las personas esclavizadas para mantenerlas a raya a bordo de los barcos. Se estima que dos millones de personas murieron en el Pasaje del Medio.

Uno de los relatos más detallados del Pasaje del Medio procede de Olaudah Equiano, quien fue capturado en África y esclavizado de niño. Posteriormente compró su libertad y escribió una autobiografía.

"El aire pronto se convertía en irrespirable . . . y provocaba una enfermedad entre los esclavos, por la cual muchos morían," relató Equiano acerca de un barco. "Esta situación penosa empeoraba por las cadenas. Los chillidos de las mujeres y los gemidos de los moribundos creaban una escena de horror casi increíble".

La masacre de Zong en 1781 fue un ejemplo del tratamiento terrible que recibían las personas esclavizadas. En el barco atestado, muchas personas comenzaron a enfermarse y algunas murieron. El capitán ordenó a su tripulación deshacerse de quienes estuvieran enfermos o moribundos. En total, se tiraron por la borda 132 personas. Los responsables de los asesinatos de las personas esclavizadas nunca fueron responsabilizados por estos actos.

## EL MOTÍN EN EL AMISTAD

**Muchas personas esclavizadas intentaron cambiar su destino. Con frecuencia superaban en número a las tripulaciones de los barcos e iniciaban revueltas. El motín en el Amistad es la revuelta más famosa. En 1839 Joseph Cinque (*derecha*) y los otros africanos capturados a bordo tomaron el control del *Amistad* cuando el barco dejaba Cuba. El barco desembarcó en Estados Unidos y el caso llegó a la Corte Suprema, que determinó que los hombres podían volver a África.**

La exposición *Pasajes de África* en el Centro para Visitantes Fort Moultrie en Sullivan's Island analiza el rol del lugar como lugar de cuarentena para los africanos esclavizados.

CAPÍTULO 3

# MERCADO

**UNA VEZ EN ESTADOS UNIDOS, EL TRÁFICO DE ESCLAVOS TOMABA UNA FORMA DIFERENTE.** Algunos historiadores creen que arribaron decenas de miles de personas esclavizadas a Sullivan's Island, Carolina del Sur, en el siglo XVIII. El lugar actuaba como centro de cuarentena para los africanos que llegaban al país. Muchos de ellos sufrían enfermedades mortales que se propagaban con facilidad, como cólera, viruela y sarampión. Se ubicaba a los africanos en cuarentena en la isla antes de continuar.

Después de la cuarentena, las personas esclavizadas eran llevadas a jaulas y cárceles. Allí esperaban durante días o semanas hasta que eran vendidas a los esclavizadores en subastas. Las subastas eran eventos regulares en ciudades de todo el país. Más de 1,2 millones de personas fueron vendidas en EE. UU. entre 1760 y 1860. Las subastas eran un negocio rentable. Muchos esclavizadores blancos se hicieron ricos comerciando personas negras.

Las subastas eran particularmente dolorosas para muchas personas negras. En estos eventos con frecuencia se separaba a

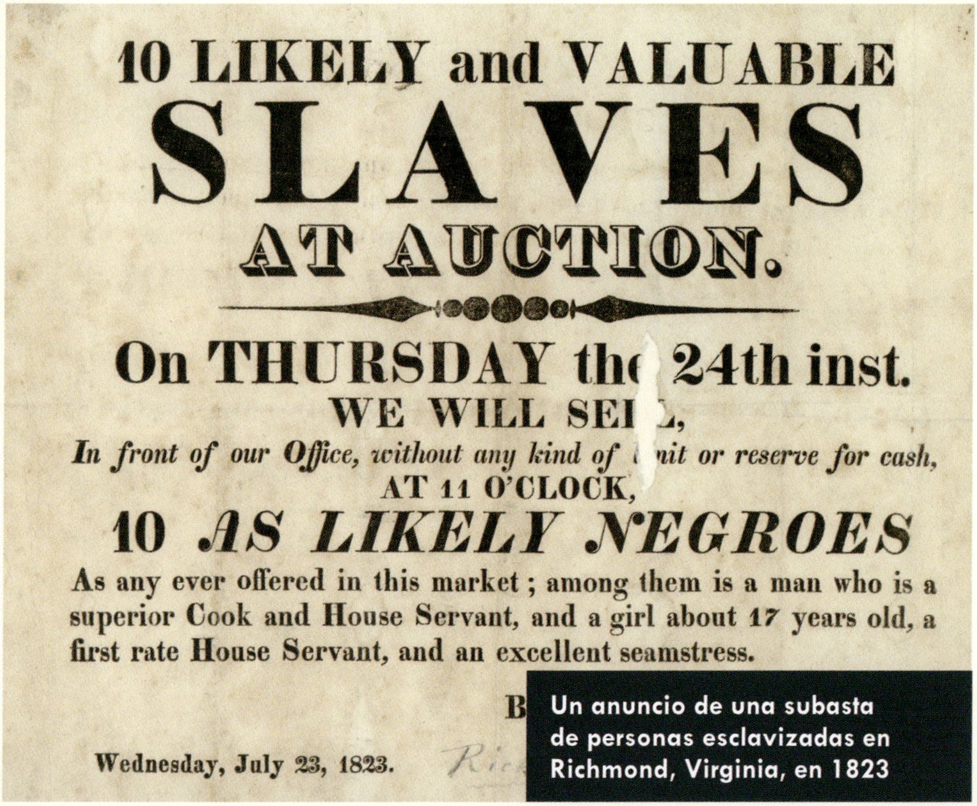

10 LIKELY and VALUABLE

SLAVES

AT AUCTION.

On THURSDAY the 24th inst.

WE WILL SELL,

*In front of our Office, without any kind of limit or reserve for cash,*

AT 11 O'CLOCK,

10 *AS LIKELY NEGROES*

As any ever offered in this market; among them is a man who is a superior Cook and House Servant, and a girl about 17 years old, a first rate House Servant, and an excellent seamstress.

B

Wednesday, July 23, 1823.

Un anuncio de una subasta de personas esclavizadas en Richmond, Virginia, en 1823

> "A pesar de lo usuales que eran las subastas de esclavos en los estados sureños, la miseria total del evento—de las escenas que lo preceden y que lo suceden—nunca se comprende hasta que se experimenta".
>
> —Josiah Henson, quien había estado esclavizado

las familias. Algunas personas esclavizadas eran vendidas muchas veces, lo que las alejaba cada vez más de cualquier conexión con sus amigos y familias.

Entre el 2 y el 3 de marzo de 1859, el esclavizador Pierce Mease Butler hizo una subasta en Georgia. La subasta se convirtió en la más grande de la historia de EE. UU. con la venta de 436 personas esclavizadas. Butler ganó más de 300 000 dólares (más de 9 millones de dólares de hoy) por la venta.

El evento se hizo conocido como Weeping Time (Tiempo para Llorar). El lugar de la venta permaneció sin identificar durante años. En 2008, la Sociedad Histórica de Georgia y la ciudad de Savannah colocaron un hito recordatorio que detalla la subasta en un parque cercano.

Las jaulas y los mercados en los que se mantenía a las personas esclavizadas tuvieron un nuevo propósito durante la Guerra

Soldados de pie dentro de una jaula en Alexandria, Virginia, un lugar en el que una vez se mantenía a las personas esclavizadas después de traerlas a América.

Civil. Muchos de los edificios fueron usados por los soldados de la Unión, personas que lucharon para ponerle fin a la esclavitud en Estados Unidos, para mantener cautivos a los soldados de la Confederación, que luchaban para mantener la esclavitud en el país. Los soldados confederados con frecuencia se quejaban sobre las condiciones deficientes de las jaulas.

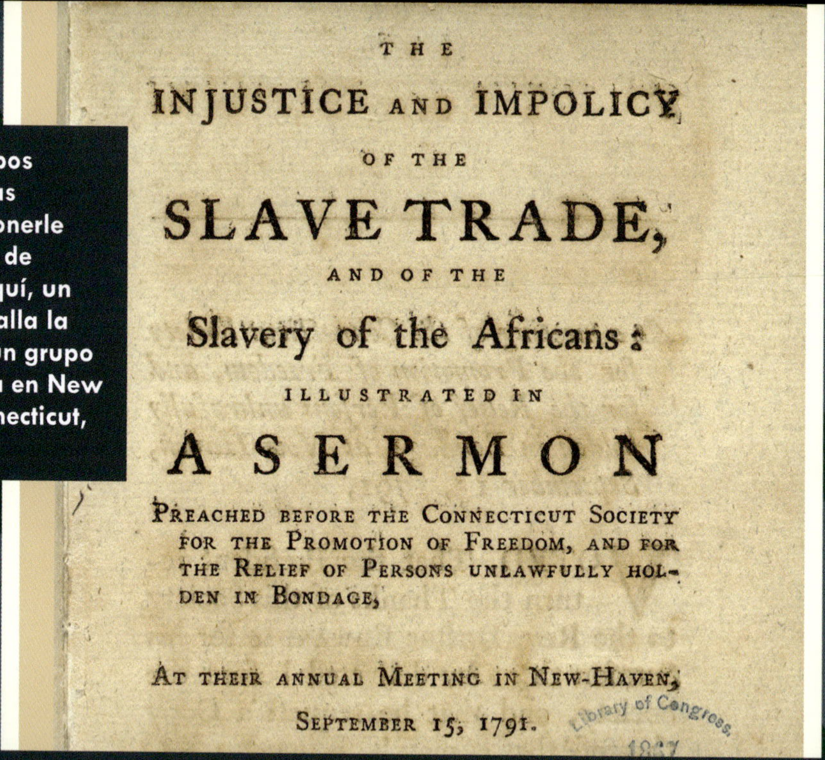

THE

INJUSTICE AND IMPOLICY

OF THE

SLAVE TRADE,

AND OF THE

Slavery of the Africans:

ILLUSTRATED IN

A SERMON

PREACHED BEFORE THE CONNECTICUT SOCIETY FOR THE PROMOTION OF FREEDOM, AND FOR THE RELIEF OF PERSONS UNLAWFULLY HOLDEN IN BONDAGE,

AT THEIR ANNUAL MEETING IN NEW-HAVEN,

SEPTEMBER 15, 1791.



Muchos grupos abolicionistas deseaban ponerle fin al tráfico de esclavos. Aquí, un panfleto detalla la reunión de un grupo abolicionista en New Haven, Connecticut, en 1791.

## CAPÍTULO 4

# PARAR A LOS BARCOS

**EL COMERCIO TRASATLÁNTICO DE ESCLAVOS ESTUVO ACTIVO DURANTE MUCHOS AÑOS.** Pero los abolicionistas querían ponerle fin a la esclavitud. Muchos abolicionistas sentían que hacer que el comercio fuera más lento sería el primer paso para ponerle fin a la esclavitud.

En 1778 se aprobó una ley en Virginia que detenía la importación de personas esclavizadas. Dinamarca se convirtió en el primer país europeo en prohibir el tráfico de esclavos en 1803. Le siguió Gran Bretaña en 1807, y Estados Unidos prohibió la importación de personas esclavizadas en 1808.

Aunque importar personas esclavizadas se convirtió en ilegal, la esclavitud no terminó en Estados Unidos. Todavía era legal comerciar personas esclavizadas dentro del país. Y continuaron importándose africanos ilegalmente a los Estados Unidos durante muchos años después de la prohibición.

Las personas esclavizadas eran comerciadas en todo el país, en cuyo territorio se crearon rutas para facilitar el trasporte de personas. Y la población de personas esclavizadas continuó creciendo, incluso sin transportar más africanos secuestrados a Estados Unidos. Los hijos de las personas esclavizadas se

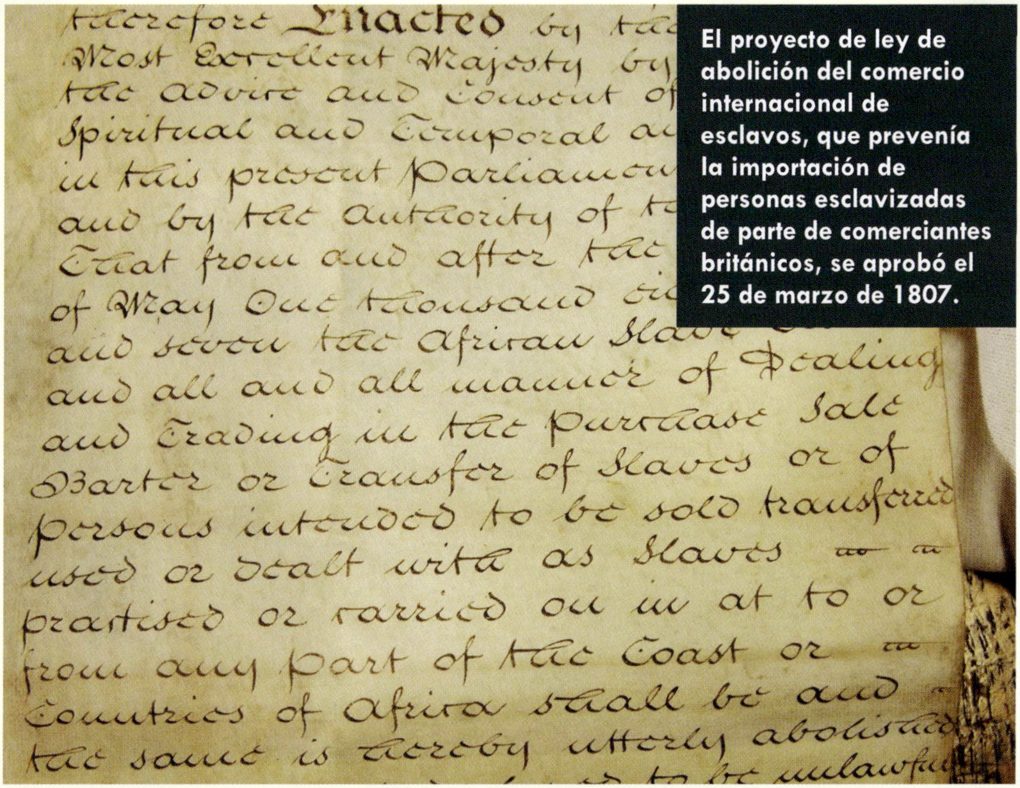
therefore Enacted by the
Most Excellent Majesty by
the advice and consent of
Spiritual and Temporal a
in this present Parliament
and by the authority of th
That from and after the
of May One thousand ei
and seven the African Slave
and all and all manner of Dealing
and Trading in the Purchase Sale
Barter or Transfer of Slaves or of
persons intended to be sold transferred
used or dealt with as Slaves
practised or carried on in at to or
from any part of the Coast or
Countries of Africa shall be and
the same is hereby utterly abolished
to be unlawful

**El proyecto de ley de abolición del comercio internacional de esclavos, que prevenía la importación de personas esclavizadas de parte de comerciantes británicos, se aprobó el 25 de marzo de 1807.**

consideraban propiedad de los esclavizadores, de modo que los niños también eran esclavizados. Muchos esclavizadores fomentaban que las personas esclavizadas tuvieran muchos hijos, o los forzaban a tenerlos.

Una vez que terminó el tráfico de esclavos, el movimiento abolicionista tuvo una declinación en Estados Unidos. Volvió a crecer en las décadas de 1820 y 1830. La prohibición del comercio trasatlántico no funcionó exactamente como muchos deseaban. Pero sería un punto de inflexión importante en la lucha contra la esclavitud.

**Una familia de personas esclavizadas en una plantación en Carolina del Sur en 1862**

## EL ÚLTIMO BARCO

En 2019 se descubrieron los restos de un barco en el río Mobile en el sur de Alabama. Se trataba del *Clotilda*, el último barco conocido (e ilegal) que entrara a Estados Unidos con personas esclavizadas en 1860. Después del fin de la Guerra Civil, los sobrevivientes del *Clotilda* fundaron Africatown, una pequeña comunidad en la que viven muchos de sus descendientes. El descubrimiento del barco confirma su historia. Muchos esperan que pueda convertirse en un monumento nacional.

Un hombre visita el Centro de Bienvenida de Africatown.

## VOCES DE FUENTES PRIMARIAS

Incluso después del final del tráfico de esclavos, la institución de la esclavitud continuó durante décadas en Estados Unidos. Escanea estos códigos QR para escuchar las voces de las personas negras contando sus historias de vida durante la esclavitud. También puedes leer las palabras de cada orador en la transcripción a la que se accede mediante el enlace debajo de cada clip de audio.

Mientras escuchas, considera el uso del término *esclavos*. En este libro se usa la frase *personas esclavizadas*. ¿Cuál es la diferencia entre las dos denominaciones? Además, piensa en cómo era la vida cotidiana para las personas esclavizadas. ¿Cómo se parecían y se diferenciaban las experiencias de las personas esclavizadas?

https://www.loc.gov/item/afc1940003_afs04034a/
Joe McDonald, Livingston, Alabama, 1940

https://www.loc.gov/item/afc1941018_afs05091a/
Isom Moseley, Gee's Bend, Alabama, 1941

En este clip se menciona el "working on shares" ("trabajo compartido"). Esto es una referencia a la aparcería, un acuerdo en el cual un terrateniente permite que un inquilino use la tierra a cambio de una parte de la cosecha producida.

https://www.loc.gov/item/afc1984011_afs25659b/
Susan A. Quall, Johns Island, Carolina del Sur,
16 de mayo de 1932

## MANOS A LA OBRA

Aprender sobre la esclavitud puede ayudarte a comprender los problemas raciales actuales. Estas son algunas maneras de saber más sobre el tráfico de esclavos:

Descubre si tu ciudad o estado tiene un edificio que se usaba en el tráfico de esclavos. Planifica una visita con tu padre, madre o tutor.

Haz un recorrido virtual del Museo Internacional de la Esclavitud y aprende más sobre el comercio trasatlántico de esclavos en https://www.liverpoolmuseums.org.uk/international-slavery-museum/virtual-tour.

Aprende más sobre las revueltas conducidas por personas esclavizadas que tuvieron lugar en barcos o en Estados Unidos.

Lee lo que han escrito personas esclavizadas como Olaudah Equiano para saber más sobre el viaje a bordo de barcos de África a América. Puedes darles una mirada a las páginas del libro de Equiano, *The Interesting Narrative of the Life of Olaudah Equiano, Or Gustavus Vassa, The African*, en https://www.loc.gov/resource/rbc0001.2018amimp99422/?st=gallery.

Explora la colección en línea de materiales del tráfico de esclavos del Museo Nacional de Historia y Cultura Afroamericanas en https://nmaahc.si.edu/explore/collection/search?edan_local=1&edan_q=slave%2Btrade&.

## GLOSARIO

**abolicionista:** una persona que apoya el fin de la esclavitud

**ciudad portuaria:** un pueblo o ciudad con un puerto en el cual se cargan o descargan los barcos

**cuarentena:** mantener a personas, animales o plantas fuera de un área determinada para prevenir la propagación de enfermedades

**ganancia:** la cantidad de dinero obtenida por un negocio

**hito recordatorio:** un elemento ubicado en un lugar en honor de la memoria de las personas que vivieron allí

**indígenas:** las primeras personas que vivieron en cualquier región

**motín:** una rebelión abierta contra las autoridades

**revuelta:** la lucha contra una autoridad o gobierno

**subasta:** un evento público en el que se vendían personas esclavizadas a otras personas

## NOTAS SOBRE LAS FUENTES


6 Casey Cep, "The Fight to Preserve African-American History," *New Yorker*, 3 de febrero de 2020, https://www.newyorker.com/magazine/2020/02/03/the-fight-to-preserve-african-american-history.

11 "Personal Stories of Captured Africans," Ceremonias del Pasaje del Medio y Proyecto de Hitos Recordatorios en los Puertos (MPCPMP), 11 de enero de 2012, https://www.middlepassageproject.org/2012/01/11/personal-stories-of-captured-africans/?lang=ko.

14 "Olaudah Equiano—Middle Passage Extract 2," Proyecto de Abolición, última modificación el 12 de marzo de 2008, http://gallery.nen.gov.uk/audio79020-abolition.html.

18 Anne C. Bailey, "For Hundreds of Years, Enslaved People Were Bought and Sold in America. Today Most of the Sites of This Trade Are Forgotten," *Revista de New York Times*, 12 de febrero de 2020, https://www.nytimes.com/interactive/2020/02/12/magazine/1619-project-slave-auction-sites.html#:~:text=%E2%80%9CCommon%20as%20are%20slave%2Dauctions,funded%20by%20the%20Works%20Progress.

## LISTA DE LECTURAS DE READ WOKE

Alexander, Richard. *The Transatlantic Slave Trade: The Forced Migration of Africans to America (1607–1830)*. Nueva York: PowerKids, 2016.

Atlantic Slave Trade
https://kids.britannica.com/students/article/Atlantic-slave-trade/602896

Bryan, Ashley. *Freedom over Me: Eleven Slaves, Their Lives and Dreams Brought to Life*. Nueva York: Atheneum Books for Young Readers, 2016.

Lewis, Cicely. *Resistencia a la esclavitud: Fugas y actos diarios de rebeldía*. Mineápolis: Lerner Publications, 2022.

McKissack, Patricia C. *Amistad: The Story of a Slave Ship*. Nueva York: Random House Books for Young Readers, 2021.

The Middle Passage
https://www.pbs.org/wgbh/aia/part1/1p277.html

Olaudah Equiano
https://www.pbs.org/wgbh/aia/part1/1p276.html

Transatlantic Slave Trade
http://slaveryandremembrance.org/articles/article/?id=A0002

## ÍNDICE



## CRÉDITOS POR LAS FOTOGRAFÍAS


Créditos de las imágenes: Ken Wolter/Shutterstock.com, p. 4; William A. Morgan/Shutterstock.com, p. 5; AP Photo/Steve Helber, p. 6; Lewis Tse Pui Lung/Shutterstock.com, p. 7; Barbara Smyers/Shutterstock.com, p. 8; Library of Congress, pp. 9, 13, 19, 20; Sydney King/National Park Service, p. 10; Jkwchui/Wikimedia Commons (CC BY-SA 3.0), p. 12; National Museum of African American History, Smithsonian Institution, p. 14; Nathaniel Jocelyn/New Haven Colony Historical Society via Wikipedia Commons, p. 15; Have Camera Will Travel/Alamy Stock Photo, p. 16; Chicago History Museum/Getty Images, p. 17; PA Images/Alamy Stock Photo, p. 21; Everett Collection/Shutterstock.com, p. 22; Jeffrey Greenberg/Universal Images Group/Getty Images; Cicely Lewis portrait photos by Fernando Decillis.

Portada: National Museums Liverpool/Bridgeman Images.

Crédito por la consulta de contenidos: Cleopatra Warren, Ph.D., docente de historia de escuela secundaria, Atlanta Public Schools, Atlanta, GA



ediciones Lerner
Una división de Lerner Publishing Group, Inc.
241 First Avenue North
Mineápolis, MN 55401, EE. UU.

Si desea averiguar acerca de niveles de lectura y para obtener más información, favor consultar este título en www.lernerbooks.com.

Fuente del texto del cuerpo principal: Aptifer Sans LT Pro.
Fuente proporcionada por Linotype AG.

**Library of Congress Cataloging-in-Publication Data**

Names: Smith, Elliott, 1976–author.
Title: El tráfico de esclavos : la vida de los negros y la sed de ganancias / Elliott Smith.
Other titles: Slave trade. Spanish
Description: Mineápolis : ediciones Lerner, [2023] | Series: La esclavitud en estados unidos y la lucha por la libertad | "Título original: The Slave Trade: Black Lives and the Drive for Profit. Texto: copyright © 2022 por Lerner Publishing Group, Inc."—Back cover verso. | Includes bibliographical references and index. | Audience: Ages 9–14 | Audience: Grades 4–6 | Summary: "Slavery grew in America with the enslavement of indigenous peoples and millions of Africans. Learn about the Middle Passage and how the slave trade operated and was brought to its end. Now in Spanish!"—Provided by publisher.
Identifiers: LCCN 2023000175 (print) | LCCN 2023000176 (ebook) | ISBN 9781728491882 (library binding) | ISBN 9798765607596 (paperback) | ISBN 9781728494357 (epub)
Subjects: LCSH: Slave trade—Africa—History—Juvenile literature. | Slave trade—Atlantic Ocean Region—History—Juvenile literature. | Slavery—United States—History—Juvenile literature. | BISAC: JUVENILE NONFICTION / Social Topics / Prejudice & Racism | JUVENILE NONFICTION / Business & Economics
Classification: LCC HT1322 .S5418 2022 (print) | LCC HT1322 (ebook) | DDC 306.3/6209—dc23/eng/20230126

LC record available at https://lccn.loc.gov/2023000175
LC ebook record available at https://lccn.loc.gov/2023000176

Fabricado en los Estados Unidos de América
1-53127-51137-1/9/2023